Baron DU ROURE DE PAULIN

Avocat à la Cour d'Appel de Paris,
Membre de l'Académie de Clermont-Ferrand,
Chancelier de la Convention Internationale d'Héraldique,
Secrétaire de la Société Française des Collectionneurs d'Ex-Libris.

L'HÉRALDIQUE
ECCLÉSIASTIQUE

OUVRAGE ORNÉ DE CINQUANTE ILLUSTRATIONS

H. DARAGON, Libraire-Éditeur
96-98, rue Blanche, 96-98
PARIS (IXe)

1911

L'HÉRALDIQUE ECCLÉSIASTIQUE

DU MÊME AUTEUR

Généalogie de la famille de la Perrière. — Paris, 1904, in-8º.

Généalogie de la famille du Saulzet. — Paris, 1905, in-8º.

Le Manteau dans l'Art Héraldique. — Paris, 1905, in-8º.

Le Château de Rochebaron. — Généalogie de la famille de Giry. — Paris, 1906, in-8º.

Les Rois, Hérauts et Poursuivants d'armes. — Paris, 1906, in-8º.

Les Privilèges en matière d'impôts sous l'ancien Régime. — Paris, 1906, in-8º.

La Bête du Gévaudan dans les armoiries de la famille Antoine. — Clermont-Ferrand, 1907, in-8º.

Quelques ex-libris Auvergnats. — Mâcon, 1907, in-8º.

L'Hermétisme dans l'art héraldique. — En collaboration avec Félix Cadet de Gassicourt. — Paris, 1907, in-8º.

Le Juge d'armes de France et les Généalogistes des Ordres du Roi. — Paris, 1907, in-8º.

Les ex-libris Brunetta d'Usseaux. — Mâcon, 1908, in-8º.

Généalogies des Familles de Solleyzel, Jacquier et Grimod de Cornillon. — Paris, 1908, in-8º.

Des Tenants, Supports et Soutiens. — En collaboration avec Henri de la Perrière. — Rome, 1910, in-8º.

Planche 1

Baron DU ROURE DE PAULIN

Avocat à la Cour d'Appel de Paris,
Membre de l'Académie de Clermont-Ferrand,
Chancelier de la Convention Internationale d'Héraldique
Secrétaire de la Société Française des Collectionneurs d'Ex-Libris.

L'Héraldique
Ecclésiastique

AVEC TRENTE-SEPT ILLUSTRATIONS

H. DARAGON, Libraire-Éditeur
96-98, rue Blanche, 96-98
PARIS (IXe)

1910

L'Héraldique Ecclésiastique

AIRE connaître les lois héraldiques auxquelles doivent se soumettre les ecclésiastiques désireux d'indiquer à tous leurs dignités et leurs fonctions en évitant toute faute ou méséance, tel est le but de ce petit ouvrage. Que l'on veuille donc ne point chercher ici de savantes discussions ou recherches sur l'origine des armoiries et des insignes de dignité, mais simplement un court exposé des règles les plus courantes.

Les couronnes, timbres et autres objets qui se voient sur l'écu ou autour ont été inventés pour spécifier et marquer la dignité de celui qui porte les armes. Au contraire du blason les insignes de dignité ne sont pas héréditaires; ils ne doivent être portés que par l'impétrant d'une charge ou fonction; néanmoins quand une charge est héréditaire dans une famille, les insignes en demeurent aussi héréditaires. Ainsi les titres de noblesse se transmettant de mâle en mâle par ordre de primogéniture, les couronnes héraldiques sont devenues héréditaires, il est même d'usage que tous les membres d'une famille gardent, même non titrés, la couronne du chef de leur maison.

Les casques, puis les couronnes, les tenants, supports ou soutiens sont les plus vieux ornements extérieurs du blason; on trouve des casques dans

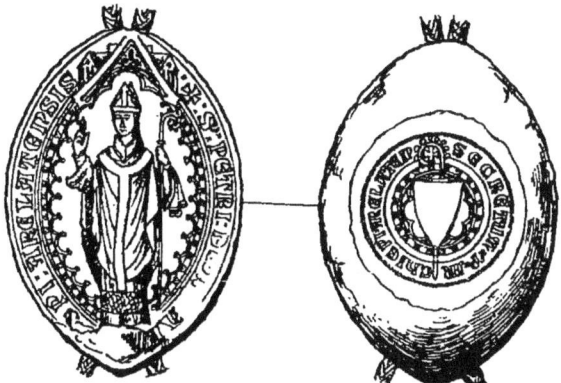

Fig. 1 et Fig. 2

des sceaux du XIIe siècle presqu'à la naissance de l'art héraldique et les premiers tenants apparaissent dès 1234. Les insignes de dignité quoique postérieurs, sont néanmoins fort anciens.

Fig. 3

Les premiers sceaux appartenant à des membres du clergé, les représentent debout, revêtus de leurs ornements sacerdotaux. Peu à peu les prêtres prirent l'habitude de se faire accompagner sur leur sceau ou contre-sceau d'un écu à leurs armes; nous citerons le sceau de Benoît d'Alignan, évêque de Marseille en 1235, sur lequel figure un écu avec un demi-vol, et celui de Durand de Trévenères, évêque de Marseille (1289-1312) où se voit un sanglier. Le premier insigne de dignité qui apparut sur les blasons fut la crosse.

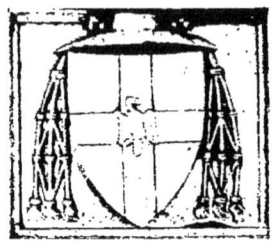

Fig. 4

Ainsi, en 1307, le contre-sceau armorial de P. de Ferrières, archevêque d'Arles, est accompagné d'une crosse en pal derrière l'écu (fig. 1 et 2). On la trouve également derrière les armes de Robert de Mandagot, évêque de Marseille, sur son sceau de 1345. La mitre vint s'ajouter un peu plus tard, elle se voit avec la crosse sur le sceau de Nicolas de Brancas, évêque de Marseille en

Fig. 5

1435. C'est également vers cette époque que les cardinaux commencèrent à surmonter leurs armes du chapeau rouge que S. S. Innocent leur avait accordé au concile de Lyon : citons les tombeaux du cardinal Bulcano Marino, mort en 1409, et enterré à Sainte-Françoise-Romaine où sur les armes est un chapeau à un gland (fig. 3) et celui du cardinal d'Eston mort en 1397, qui a trois glands (fig. 4).

Ce n'est que tout à fait à la fin du xvi⁰ et au commencement du xvii⁰ siècle que les évêques commencèrent à se servir, en art héraldique, d'un chapeau. Il existe par exemple sur les armes de François de Loménie, évêque de Marseille en 1624 et sur le sceau de Mgr. F. de Monteil, Archevêque d'Arles en 1643 (fig. 5).

Si ce dernier ornement ne s'introduisit qu'assez tard, en revanche il se répandit très vite et presque tous les ecclésiastiques l'adoptèrent, en modifiant le nombre de glands des cordons et la couleur du chapeau pour indiquer leur rang. Le grand vulgarisateur de cette coutume en France fut l'héraldiste Vulson de la Colombière.

Mais avant de continuer et d'étudier les armes du clergé, une remarque

Fig. 6

s'impose : les ecclésiastiques issus de familles nobles conservent les armes de leur famille, auxquelles les membres du clergé régulier ajoutent les armoiries de l'ordre auquel ils appartiennent, soit en chef, soit en un parti (voir fig. 24 et 37). Depuis Benoît XIII les papes ont suivi cet exemple. Souvent des évêques, abbés ou bénéficiaires joignent à leur blason les armes de leur diocèse, abbaye ou bénéfice.

* *

Les armes de la Sainte-Eglise sont *de gueules à deux clefs l'une d'or, l'autre d'argent, passées en sautoir et liées d'un ruban de gueules* (fig. 6). Parfois, on les trouve sommées de la tiare et soutenues par des anges, ce sont des fantaisies de graveurs. Les clefs sont les armes *propres* de l'Eglise, comme *l'aigle de sable sur or* sont celles de l'Empire. Ainsi que le dit excellemment le comte Pasini-Frassoni : « Comme l'on voit les armoiries de famille des Empereurs accolées à l'aigle sans le champ, ainsi l'on voit les Pontifes, soit accoler leurs armes à celles de l'Eglise, soit aux clefs en sautoir sans le champ. » En effet, souvent les papes ont joint leurs armes à celles de l'Eglise ou les ont abaissées sous le chef *de gueules aux deux clefs d'or et d'argent*; même ils ont fait les deux à la fois, comme le prouve la miniature du folio 1º de la *Biblia Sacra* du Vatican de 1378, qui porte d'un côté les armes de l'Eglise, sommées de la tiare, soutenues par deux anges agenouillés et de l'autre les armes de Clément VII, issu des comtes de Genève : *quatre points*

Fig 7

d'azur équipollés à cinq points d'or; surmontés de la tiare et tenues par deux anges volant (1).

Pour récompenser les services rendus à l'Eglise, le pape en concède les armes que l'on met généralement en chef. Ou encore, il accorde le privilège de sommer des armoiries de la tiare. Le patriarche de Lisbonne et l'archevêque de Bénévent (2) jouissent de ce droit.

Calixte II ayant été rétabli sur le trône pontifical par un membre de la famille de Clermont, qui portait un mont éclairé par un soleil, lui donna pour armes : *de gueules à deux clefs d'argent passées en sautoir*; cimier la tiare; devise : Et si omnes, ego non. La ville d'Avignon en souvenir du séjour des

---

(1) Vatican. Lat. nº 51.
(2) La tiare de l'archevêque de Bénévent n'a qu'une seule couronne.

— 10 —

papes porte : *de gueules à trois clefs d'or* qui sont les deux clefs de l'Eglise et celle du cardinal-légat.

Le pape surmonte les armoiries de sa famille, ou celles qu'il a choisies s'il n'en avait pas avant son élection, de la tiare accompagnée des deux clefs croisées. C'est sur le tombeau de Lucius III à Vérone, en 1185, que se voit pour la première fois la tiare sur les armes ; elle a la forme d'un bonnet pointu

Fig. 8

cerclé par le bas d'une bande d'où partent deux cordons terminés par une houppe. Sur le tombeau d'Innocent IV, mort en 1254, édifié par Humbert archevêque de Naples (1308-1320), le blason du pontife est surmonté de la tiare et des clefs reliées par un cordon. Depuis cette époque, l'écu papal est complet. Régulièrement il ne doit pas y avoir d'autres ornements. Pas de chapeau, même à six rangs de houppes, la tiare le remplace; pas de devise, jamais aucun pape n'en a mis; encore moins de cri de guerre (1), qui serait contraire à leur caractère sacré; pas de croix à triple croisillon, mensonge héraldique et historique; pas de croix pectorale, de pallium, de chapelets, emblèmes

---

(1) Eysenbach a raconté que les papes avaient pour cri de guerre. « Notre-Dame, Saint-Pierre ! »

pieux inutiles au vicaire de Jésus-Christ; pas de colliers d'ordre, hochets de la vanité; pas de banderolle, de bannière, de couronne, enfin pas de pavillon, insigne de l'Etat pontifical (1).

Comme le fait remarquer le comte Pasini-Frassoni, il n'y a pas de blason plus simple que celui des papes : la tiare, les clefs, un cartouche, c'est tout. Tout ce qu'on y ajoute est superfétation ou fantaisie.

La tiare, jadis pointue, est aujourd'hui ovoïde, elle doit avoir la forme d'un œuf tronqué par le petit bout. Elle est blanche ou argent, sa doublure, comme celle des fanons, est rouge (2). Elle est ornée de trois couronnes fleu-

Pii PP. V.

Fig. 9

ronnées d'or, garnies de pierres précieuses, saphirs, améthystes, rubis, diamants. Les fleurons ont à peu près la forme de ceux des couronnes ducales; il faut faire grande attention de ne pas leur donner l'apparence de fleurs de lys, comme en général le font beaucoup d'artistes français. Au sommet se trouve une petite boule d'or surmontée d'une croix de même métal, qui s'appelle *un monde croisé*. Au bas de la tiare sont attachés les *fanons* qui sont deux rubans blancs ou argent assez larges, frangés d'or et garnis chacun d'une croix de sable (3). L'usage est de relever les deux fanons afin de

---

(1) Mgr Barbier de Montault, *Art héraldique* in ses *Œuvres complètes* Tome III, pp. 334-380.

(2) En réalité, cette doublure est blanche, mais en art héraldique on la met rouge afin d'établir un contraste entre le dessus et le dessous.

(3) Dans l'intérêt de l'ornementation, beaucoup de bons héraldistes mettent deux ou trois croix à chaque fanon. Ce n'est pas une faute.

les unir aux clefs, les deux extrémiés revenant en avant de façon à laisser voir les croix. (Voir figure 7 les armes de Sixte V).

Les clefs doivent être croisées sous la tiare; en effet, elles ne sont pas faites pour soutenir l'écu, elles doivent le *surmonter*. (fig. 8, armes de Jules III, pierre sculptée de la Pinacothèque de Todi). Par tolérance on peut les descendre jusqu'à mi-hauteur du champ (fig. 9, armes de Pie V). Mais les croiser dans toute leur longueur sous l'écu est une faute lourde, qui,

Fig. 10

de plus, produit un effet peu artistique, car on est alors obligé d'allonger les tiges outre mesure. Une autre fantaisie à éviter, quoique d'un joli effet, est de mettre plusieurs paires de clefs, soit aux côtés, soit au-dessus du blason, comme par exemple sur la pierre sculptée aux armes de Clément VI (fig. 10).

Une clef est d'or, elle représente le pouvoir de délier ou d'ouvrir; elle doit être à droite ou dextre (1), car la droite et l'or l'emportent en dignité sur la gauche et l'argent, comme le pouvoir d'ouvrir l'emporte sur celui de fermer ou de lier, figuré par la clef d'argent qui doit être à gauche ou senestre. Les deux clefs doivent être réunies par un cordon rouge terminé par des pompons rouges, ou quelquefois d'or, pour montrer que les deux pouvoirs de lier

---

(1) Ne pas oublier que la dextre de l'écu est à gauche de celui qui regarde.

et de délier sont unis. Les deux poignées doivent être en bas pour rappeler qu'elles sont aux mains du Vicaire de Jésus-Christ qui réside sur terre. Les pannetons dirigés vers le ciel signifient que les pouvoirs de lier et de délier du pape ont leur action directe dans les sphères célestes. Changer cette position est ridicule car c'est bouleverser un symbolisme qui mérite tous les égards.

Les pannetons ont leurs échancrures en forme de croix, car c'est par la croix que Saint Pierre et ses successeurs ont le pouvoir de lier et de délier. Enfin le panneton doit être tourné vers le bas car les serrures se réduisent à deux types : un, le plus commun, qui fait rentrer a

Fig. 11

clef dans la serrure telle qu'on la tient dans la main, le panneton en bas; tandis que dans l'autre système il faut la renverser et tourner le panneton en haut; ce dernier étant l'exception, il est bizarre de l'appliquer aux clefs célestes.

Voici donc les seules choses qui composent le blason pontifical; mais bien souvent la fantaisie des artistes ajoute d'autres ornements. Très fréquemment, surtout aux xve et xvie siècles, l'écu pontifical a pour tenants des anges; ainsi, deux anges volant soutiennent les armes d'Urbain V dans le manuscrit du Vatican *Bartolus super primum et secundum infortial* (1). Sur le tombeau de Martin V à Saint-Jean-de-Latran, les tenants sont encore deux anges, comme dans les armes de Sixte IV, peintes dans le manuscrit d'Aristote *de Historia animalium* (2) (fig. 11); dans celles d'Alexandre VI (planche I).

---

(1) Vatican, Lat. 2598
(2) Vatican, Lat. 2094

Dans un manuscrit des archives de Saint-Pierre se voient les armes de Sixte V avec quatre anges, dont deux jouent avec des pièces du blason, l'un tient une étoile, l'autre une montagne, derrière eux sont deux lions couchés, au-dessus de la tiare est la croix à trois croisillons, surmontée de l'ombrelle pontificale (1).

Fig. 12

Michel-Ange sur la porte Pie met des anges tenant un glaive (fig. 12) et le Bernin sculpte, sur l'escalier royal du Vatican, deux anges volant qui jouent de la trompette. Jusqu'à Grégoire XVI la tradition des anges se perpétue.

Au XVIIe et au XVIIIe les artistes remplacèrent souvent les anges par les figures des Saints Pierre et Paul, comme le montrent les armes de Urbain VIII (fig. 13) et de Benoît XIV. Enfin, on s'est parfois servi de figures allégoriques, par exemple la Justice et la Vérité qui figurent dans les manuscrits de la Chapelle Sixtine, à côté du blason de Clément VII, et la

---
(1) Vatican, Lat. 2260, folio 1.

Foi et la Charité qui sont représentées sur l'ex-libris de Sa Sainteté Pie X (planche 2)(1).

Mais, répétons-le encore une fois, tout cela n'est que de la fantaisie et les armes des papes n'ont pas de tenants.

Certains héraldistes, entre autres Segoing, Ménestrier, etc., attribuent au pape une croix à trois branches dite croix papale, qui représente sa juridiction sur les métropolitains, les patriarches, les évêques. Or, la croix papale n'a qu'une seule branche; cette croix à triple croisillon est une pure

Fig. 13

fantaisie et, quoique elle figure dans des dessins des armes de Sixte V et de Clément VII, on ne doit pas s'en servir.

L'*ombrellino* ou ombrelle pontificale se figure en art héraldique comme un dais conique mi-ouvert à bandes alternées de gueules et d'or, la frange ayant les couleurs contrariées, il est sommé d'un monde croisé d'or, son manche est d'or; on le pose en pal.

Les basiliques majeures et mineures de Rome (2) l'ajoutent à leurs armes.

---

(1) Cet ex-libris a été offert à Sa Sainteté par le *Collège Héraldique* de Rome ; nous ignorons si Notre Saint-Père a daigné s'en servir.

(2) Les basiliques majeures sont celles qui furent la demeure d'un des quatre grands patriarches. Ce sont : Saint-Pierre-du-Vatican (patriarche de Constantinople); Saint-Paul-hors-les-Murs (patriarche d'Alexandrie); Sainte-Marie-Majeure (patriarche de Jérusalem); il faut ajouter Saint-Jean-de-Latran, demeure du patriarche de Rome qui est le pape. Les basiliques mineures sont : Sainte-Croix-de-Jérusalem, Saint-Sébastien-hors-les-Murs, Sainte-Marie-in-Transtevere, Saint-Laurent-in-Damaso, Sainte-Marie-in-Cosmedin, les Douze-Apôtres, Saint-Pierre-aux-Liens, Sainte-Marie-Régina. A l'étranger quelques basiliques jouissent des mêmes privilèges que les basiliques de Rome, et se servent de l'ombrelle pontificale ; citons Notre Dame-de-la-Délivrance, dans le Calvados.

Les clercs de la Révérende Chambre Apostolique le portent comme emblème accompagné des lettres R. C. A.

Fig 14

Le cardinal-camerlingue qui gouverne l'Eglise *sede vacante*, en somme ses

Fig.15

armes posées sur les clefs : l'ex-libris du cardinal-camerlingue François de Médicis (fig. 14) en est un bon exemple.

Planche 2

Comme c'est l'insigne de la papauté on l'a quelquefois mis abusivement sur les armes des souverains pontifes, par exemple sur celles de Clément VII et de Sixte V, où il est placé sur la tiare, comme un pavillon royal.

Le blason *de gueules à l'ombrelle pontificale en pal chargé sur le manche de deux clefs d'or et d'argent passées en sautoir* (fig. 15) est l'écu des Etats de l'Eglise ou de la Papauté. C'est cet écu que les familles ayant donné un ou plusieurs papes à la Sainte-Eglise mettent en chef de leurs armoiries (1).

Fig. 16

Les gonfalonniers de la Sainte-Eglise romaine portent ces armes en pal, comme on le voit dans les armes des della Rovere, ducs d'Urbin, des ducs de Ferrare et d'Este, ces derniers remplaçant l'ombrelle pontificale par la tiare (fig. 16).

La famille Morra, qui réclame les deux papes Grégoire VIII et Victor III met au milieu de ses armes *un pal d'argent chargé de deux tiares d'or soutenues des clefs de l'Eglise* (2).

---

(1) Comme le prince Chigi, maréchal héréditaire du conclave, porte ce chef, on a cru parfois surtout en France, que c'est l'insigne de sa dignité; ce qui est faux. Les Chigi portent ce chef parce qu'ils ont donné un pape à l'Eglise et pas pour autre chose.

(2) F. di Broilo : *Morra,* in *Rivista araldica,* juin 1905, p. 370.

Les cardinaux mettent au-dessus de leur écu un chapeau rouge avec des cordons terminés par un rang de cinq houppes rouges, pompons ou *fiocchis*, qui sortent d'un rang de quatre houppes, venant d'un rang de trois houppes, qui sort lui aussi d'un rang de deux, issu lui-même d'une première houppe; ce qui donne de chaque côté : $5 + 4 + 3 + 2 + 1 = 15$; soit quinze houppes

Fig. 17

rangées en cinq rangs de chaque côté, ce qui fait trente houppes en tout. Le nombre a été fixé *ne varietur* par un décret de la Cérémoniale du 9 février, 14 avril 1832.

Les premiers chapeaux cardinalices n'avaient qu'un gland de chaque côté, nombre qui augmenta rapidement. Sur les armes du cardinal Jules della Rovere (fig. 17) se voient trois rangs de houppes (1); sur les tombeaux des car-

(1) Pierre sculptée de la Pinacothèque de Todi.

dinaux Stéfaneschi († 1417) (fig. 18), Olivieri († 1470), Berardi († 1478) (fig. 19) se voient quatre rangs de houppes. A partir de Pie VI, le nombre se trouve fixé à cinq rangs de houppes.

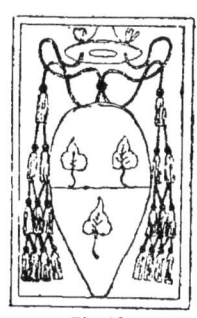

Fig. 18   Fig. 19

La dignité cardinalice étant supérieure à toute autre, les cardinaux ne doivent mettre ni couronne, ni supports, ni aucun insigne (1), ainsi

Fig. 20

qu'on le voit sur le sceau de l'Eminentisisme et Révérendisisme cardinal Vannutelli (fig. 20). Le bref d'Innocent X, de décembre 1644, fut très sou-

---

(1) Mgr Barbier de Montault : *La loi des chapeaux ecclésiastiques et les armoiries ecclésiastiques dans le droit commun*. Arras, 1872, in-8°.

vent violé en France; aussi bien sous l'Ancien Régime, comme nous le prouve par exemple le fer à dorer du cardinal de Bernis (fig. 21), que sous le Premier Empire où les cardinaux mettaient la toque de comte au-dessous du chapeau, voir l'ex-libris du cardinal Maury, archevêque de Paris (fig. 33).

De même les cardinaux qui possédaient un archevêché ou évêché auquel

Fig. 21

était attachée une pairie, dérogeaient à l'usage en portant la couronne et le manteau de pair. (Voir fig. 22). Sous le Second Empire les cardinaux sénateurs se servirent de leur couronne patrimoniale et du manteau d'azur doublé de fourrure blanche.

La Congrégation du Cérémoniale protesta contre cet abus et fit enlever les couronnes des armoiries des cardinaux de Morlot, de Croy, de la Tour d'Auvergne, de Bonnechose, dans les églises de leur titre à Rome.

Quand un cardinal est titulaire d'un siège archiépiscopal, ou primatial, il met en pal derrière l'écu, sortant au-dessous du chapeau, une croix d'or tréflée à deux branches (Voir les armes de S. E. Coullié, archevêque de Lyon, primat des Gaules (fig. 23). Si le cardinal est titulaire d'un évêché, il met en pal une croix épiscopale.

Fig. 22

Les patriarches mettent un chapeau vert avec des cordons terminés par cinq rangs de houppes vertes, le dernier terminé par cinq houppes, soit trente houppes. Nous reproduisons (fig. 24) les armes du Révérendissime Mgr. Louis Piavi, patriarche de Jérusalem, l'écu est posé sur la croix du Saint-Sépulcre dont le patriarche est Grand-Maître (1).

Fig. 23

Les primats prennent souvent ce même chapeau, quoique régulièrement ils devraient n'avoir que le chapeau vert à quatre rangs de houppes des archevêques, c'est ce que faisait Mgr Bernardou, archevêque de Sens, primat

---

(1) Le chef de la figure 24 est aux armes de l'ordre des Franciscains.

des Gaules et de Germanie.

Les patriarches et primats mettent, au-dessous du chapeau, en pal derrière l'écu, une croix double tréflée d'or.

Fig. 24

Les prélats de la Sainte-Eglise romaine, dits de *Fioccheti* qui sont les trois premiers dignitaires de la Révérende Chambre Apostolique, le vice-

Fig. 25

camerlingue, l'auditeur général et le trésorier général, le majordome de S.S., mettent sur leurs armes un chapeau violet avec des cordons terminés par quatre rangs de houppes rouges, le dernier rang ayant quatre houppes, ce qui fait dix houppes de chaque côté. De plus le majordome de S.S. a le privilège de mettre à droite de ses armes celles du pape qu'il sert. (1)

Fig. 26

Les archevêques mettent un chapeau vert avec des cordons terminés par quatre rangs de houppes vertes mélangées de fils d'or, le dernier rang ayant quatre houppes, ce qui donne dix de chaque côté. Au dessous du chapeau

Fig. 27

la croix double (voir les armes de Mgr. Oury, archevêque d'Alger, fig. 25) accompagné souvent — surtout en France — de la crosse et la mitre (voir les armes de Mgr Boyer, archevêque de Bourges, fig. 27.)

---

(1) Le nom de *fiochetti* vient des houppes ou fiochettes de soie violette, qu'ils avaient le droit de mettre sur les chevaux qui traînaient leurs carosses avant l'occupation de Rome, s'ils sont évêques ils portent les glands verts.

Les évêques ont droit à un chapeau vert avec des cordons verts terminés par trois rangs de houppes vertes, le dernier rang en ayant trois, ce qui fait

Fig. 28

six houppes de chaque côté. Ils posent sur le côté dextre, en haut de l'écu, leur mitre épiscopale d'or mise de front, les cordons relevés, et à senestre leur crosse d'or, la volute tournée vers l'extérieur.

Fig. 29

Au xviiie siècle les évêques mettaient presque toujours quatre rangs de houppes au chapeau, et les archevêques mettaient cinq rangs de houppes.

— 25 —

Même au XIXe et XXe siècles certains évêques n'ont pas renoncé à cette habitude, citons feu Mgr Gueulette (fig. 27).

Les évêques de Marseille mettent toujours quatre rangs de glands depuis Mgr d'Etampes, en 1680, disant que c'est un privilège de leur siège.

Les évêques issus de famille noble, conservent la couronne de leurs famille; cet usage est surtout suivi en France. Nous donnons en exemple les

Fig. 30

armes de feu Mgr de Pélacot, d'abord évêque de Troyes, mort archevêque de Chambéry (fig. 28).

Les évêques titulaires de fiefs titrés mettaient la couronne de leurs bénéfices; ainsi sous l'ancien régime l'archevêque de Besançon était prince, les archevêques de Lyon, de Vienne et d'Ambrun étaient comte; l'évêque de Viviers était comte de Saulieu (fig. 29, armes de Mgr. Bonnet, évêque de Viviers), celui de Pamiers était prince de Donzers, celui de Lodève, comte de Montbrun; de Mende, comte du Gévaudan; de Montpellier, comte de Melguel; les évêques d'Agen, Dol, Lisieux, Agde, Limoges, Tulle, Valence, Die, Uzès, étaient comtes; l'évêque d'Angoulême était baron de la Paine.

L'évêque du Puy était comte du Velay et en cette qualité mettait une épée en pal derrière l'écu; tradition encore suivie de nos jours comme le montre l'écu de feu Mgr Guillois, avant-dernier évêque du Puy (fig. 30). En qualité de comte de Gap, l'évêque de cette ville met une épée en sautoir avec sa crosse derrière l'écu.

Fig. 31

C'est en qualité de seigneurs temporels que les princes archevêques-électeurs de Mayence (fig. 31), de Trèves, de Cologne, les princes évêques de Trente, de Metz, etc..., mettent une mitre précieuse de front, accompagnée de la crosse et de l'épée en sautoir derrière l'écu. Presque toujours les évêques du Saint-Empire romain germanique ajoutent des casques avec leurs cimiers, pour indiquer leurs différentes seigneuries, et, s'ils sont électeurs ou princes, le bonnet électoral ainsi que le manteau de prince du Saint-Empire.

En France au contraire les casques sont rares sur les armes des ecclésias-

Fig. 32

tiques, néanmoins NN. SS. Croizier, évêque de Rhodez et Sallot de Brobecque en ont porté; les cimiers sont presque introuvables, nous ne connaissons que Mgr Cruise qui arborait une grue posée sur son heaume.

Sous l'ancien régime il y avait en France six pairs ecclésiastiques, les archevêques-ducs de Reims, de Langres, de Laon, les évêques-comtes de Châlon-sur-Saône, de Noyon et de Beauvais; auxquels il faut ajouter l'archevêque de Paris, créé duc de Saint-Cloud en 1690, qui ne prenait rang parmi les pairs qu'à sa date de création; ils recouvraient tous leur écu d'un manteau à leurs armes doublé d'hermine et frangé d'or (1) (fig. 32.), ex-libris de Mgr. Ch.-F. de Chateauneuf de Rochebonne, évêque-comte de Noyon).

C'est en souvenir du manteau des pairs de France que les sénateurs français eurent le droit de se servir en art héraldique d'un manteau d'azur doublé de fourrure blanche. Les évêques qui furent membres du Sénat impérial comme NN. SS. Morlot et Donnet usèrent de ce manteau.

Par le statut sur la noblesse du 1er mars 1808, Napoléon Ier déclare dans l'article IV que les archevêques recevraient le titre de comte et dans l'ar-

Fig. 33

ticle VIII, que les évêques recevraient celui de baron; ces titres transmissibles par testament.

Les archevêques créés comtes de l'Empire français ajoutaient à leurs armes un franc-quartier à dextre *d'azur à la croix pallée d'or*, et surmontaient leur écu de la toque de comte en velours noir retroussée de contre-hermine avec cinq plumes blanches sortant d'un porte-aigrette d'or et d'argent, le tout accompagné de quatre lambrequins, deux d'or et deux d'argent (voir l'ex-libris (2) de S. E. le cardinal Maury, archevêque de Paris, fig. 33).

---

(1) Baron du Roure de Paulin : *Le Manteau dans l'Art héraldique*. Paris, 1905, in-8°, p. 19.

(2) S. E. Maury fut créé comte par décret du 3 février 1814, mais les lettres patentes ne furent pas expédiées et les armes ne furent pas réglées, aussi on observera qu'elles ne contiennent pas le franc-quartier de comte-archevêque.

Les évêques créés barons de l'empire français, ajoutaient à leurs armes à senestre un franc-quartier *de gueules à la croix alesée d'or*; ils portaient la toque de baron en velours noir, retroussée de contre-vair avec trois plumes blanches sortant d'un porte-aigrette en argent, accompagnée de deux lambrequins d'argent. Nous reproduisons un en-tête de mandement de Mgr Duvalk de Dampierre, évêque de Clermont-Ferrand, baron Duvalk et de l'Empire (fig. 34)

Beaucoup d'évêques qui n'appartiennent pas à des familles nobles et qui ne sont pas titulaires d'un évêché auquel était attaché un titre, n'hésitent

Fig. 34

cependant pas à timbrer leurs armes d'une couronne quelconque, et en général d'une couronne de duc. Cette dernière est prise très souvent, sous prétexte que les cardinaux étant les princes de la Sainte-Eglise, ils en sont les ducs! Quelques évêques, ne voulant pas usurper de couronne, ne mettent rien entre la mitre et la crosse, comme fait S. G. Mgr Belmont, évêque de Clermont-Ferrand (fig. 35), ou bien mettent une emblème de piété, croix dans une couronne (voir fig. 26), couronne d'épines, monogramme du Christ dans une gloire, etc. Nous ne saurions trop louer ces prélats de leur sage modestie.

Si un évêque est honoré du sacré pallium il le met derrière l'écu, le bas dépassant la pointe et le haut s'appuyant sur le chef de l'écu (voir fig. 26 et 30). De même si des ecclésiastiques sont honorés de décorations, ils entourent leurs armes de leurs colliers ou des cordons d'ordres; les croix de chevalier ou d'officier, s'attachent au-dessous, et les plaques d'ordre se mettent derrière l'écu (voir fig. 24, 26, 27, 28, 33, 34.)

Il faut remarquer qu'en France, sous l'ancien régime, les ecclésiastiques ne recevaient pas le collier de l'ordre de Saint-Michel, ni celui du Saint-Esprit ; ils ne portaient que le titre de commandeur de l'ordre du Roi au lieu de chevalier des ordres du Roi. Ils portaient un ruban bleu en sautoir autour du cou, auquel était suspendue la croix du Saint-Esprit ; et c'est ce ruban qu'ils mettaient autour de leurs écus (Voir les fig. 21 et 22).

Les ecclésiastiques ne portent jamais de décorations en écharpe ; quand

Fig. 35

ils sont grand-croix d'un ordre, ils mettent l'insigne en sautoir, suspendu à un ruban beaucoup plus large que celui des commandeurs. Ils l'accompagnent du port de la plaque ; souvent même la plaque est plus grande que les plaques réglementaires ; ainsi le cardinal Caprara, archevêque de Milan, qui sacra Napoléon Ier roi d'Italie, portait une plaque de grand-aigle de la Légion d'honneur mesurant 178 millimètres de hauteur.

Le grand-aumônier de France, était en général un cardinal, il mettait les insignes de sa dignité ecclésiastique auxquels il ajoutait au-dessous de l'écu un livre de satin bleu avec les armes de France brodées en or et argent sur le plat et le cordon et la croix du Saint-Esprit comme commandeur-né de l'ordre de Sa Majesté.

Les vicaires apostoliques qui sont pourvus d'un titre épiscopal, dont ils ont tous les pouvoirs dans les lieux où la foi n'est pas régulièrement établie et qui sont les représentants directs du Saint-Siège, portent le même chapeau

Fig. 36

que les évêques. Au contraires les préfets apostoliques qui ne sont que des prêtres munis de pouvoirs très étendus, il est vrai, et supérieurs aux autres missionnaires résidant dans leur préfecture, n'ont droit qu'à un chapeau noir à trois rangs de houppes ; nous donnons les armes de Mgr Legasse, préfet apostolique de Saint-Pierre et Miquelon (Fig. 36.)

Fig. 37

Les protonotaires apostoliques participants (1) se servent d'un chapeau violet avec des cordons terminés par trois rangs de houppes roses, le dernier rang ayant trois houppes, soit six de chaque côté. Les protonotaires

---

(1) Au nombre de sept, ces prélats sont chargés de la garde des archives de l'Eglise, de la rédaction et de la confection des actes. Les protonotaires *ad instar*, créés au XVIe siècle, reformés par une bulle du 15 décembre 1818, n'ont qu'un titre purement honorifique ; on les appelle aussi protonotaires noirs, ou honoraires, ou de justice.

apostoliques *ad instar participandum* ont le même chapeau, mais avec les houppes noires. (Voir le blason de Mgr. Esser, secrétaire de la Sacré Congrégation de l'Index (1), fig. 37).

Les prélats secondaires, prélats domestiques de S. S., les camériers secrets participants ou surnuméraires, les camériers d'honneur les camériers d'honneurs *extra-urbem* (2); les abbés *nullius* (3), les vicaires généraux ou grands-vicaires en charge ont un chapeau violet terminé par trois rangs de houppes violettes, le dernier rang ayant trois houppes ce qui donne six de chaque côté.

Les chanoines des basiliques majeures ont un chapeau noir avec des cordons terminés par trois rangs de houppes violacées, mêlées de fils d'or (4), le

Fig. 38

dernier rang ayant trois houppes, soit six de chaque côté. Les chanoines des basiliques mineures et des cathédrales privilégiés ont le même chapeau avec houppes violacées, sans fil d'or. Le chapeau des chanoines de Lorette à un galon violet. Les chanoines des cathédrales non privilégiés portaient anciennement un chapeau noir ayant des cordons terminés par quatre houppes violacées, rangées ainsi, une, deux et une, aujourd'hui ils mettent plus simplement deux houppes. Les vicaires généraux, timbrent leurs armes d'un chapeau noir avec des cordons terminés par trois rangs de houppes, le dernier en ayant trois, ce qui fait six houppes de chaque côté.

---

(1) Le chef de la figure 37 est celui des *Frères prêcheurs* ou frères de Saint-Dominique.

(2) Les camériers secrets participants sont au nombre de quatre; ils sont chargés des fonctions du cabinet papal, ils sont aidés par un ou plusieurs surnuméraires. Les camériers d'honneur en habit violet font le service de l'antichambre d'honneur, et aux cérémonies, portent les *flabelli* (grands éventails) les bâtons du dais, etc. Les camériers d'honneur *extra urbem* devraient faire ce service hors de Rome, dans le cas où le pape viendrait dans la ville où ils résident: c'est un titre purement honorifique.

(3) C'est-à-dire sans abbaye à gouverner; ils n'ont que le titre d'abbé.

(4) Ou encore ils portent le même chapeau violet à trois rangs de houppes que les prélats inférieurs.

'Le général d'un ordre de régulier a un chapeau noir avec des cordons terminés par trois rangs de houppes noires, le dernier rang de trois houppes,

Fig. 39

ce qui fait six de chaque côté. Il met sur le côté dextre de l'écu une mître précieuse d'or posée de profil et du côté senestre une crosse ayant la volute tournée vers l'intérieur, pour montrer que sa juridiction ne sort pas des courants de son ordre. C'est une des règles héraldiques qui est le plus souvent violée.

L'abbé mitré de monastère se sert des mêmes insignes, avec un chapeau noir qui n'avait jadis que deux rangs de houppes, soit trois de chaque côté, mais qui est aujourd'hui semblable a celui du général, comme le montre les armes de Dom Joseph Bourigan, élu abbé de Saint-Martin de Ligugé, le 10 otobre 1876 (fig. 38).

Il est très rare, surtout en France, de voir des pièces anciennes, ex-libris, sceaux d'abbé avec ce chapeau. Notre figure 39 est un très bel ex-libris de dom Vigor de Briois, abbé de Saint-Waast d'Arras (de 1749 à 1780).

Fig 40

Au xvie siècle la crosse était souvent posée sur la mitre comme le montre la figure 40 qui est un fer à dorer de Philippe de Cavrel, abbé de Saint-Waast d'Arras (1598-1636.)

Les abbés du Saint-Empire romain-germanique mettent le plus souvent à senestre la crosse passée dans la mitre, la volute tournée vers la destre, c'est-à-dire à l'intérieur, le tout posé en barre.

Les prieurs environnent leur écu d'un chapelet et mettent derrière un bâton pastoral ou bourdon; les chantres font de même, mais mettent leur bâton de chantre ou masse. Ils ajoutent parfois un chapeau noir avec des cordons terminés par deux rangs de houppes noires, soit trois houppes de chaque côté. Voir les ex-libris de Ludovic de Carbon, prieur de Reims, qui ne met que son bourdon (fig. 41) et celui de Tardivon, prieur de la Platière, qui ajoute le chapeau a deux glands (fig. 42). L'ex-libris du chantre Jeanjean (fig. 43), montre bien la vraie forme de la masse.

Les chanoines des chapitres nobles mettent ce chapeau avec la couronne du chapitre dont ils dépendent et entourent leur écu du cordon supportant la croix de leur chapitre.

En France, avant la suppression de la noblesse par le décret de l'Assemblée constituante du 19 juin 1790, les chanoines des chapitres nobles n'u-

Fg. 41

saient que rarement du chapeau, ils le remplaçaient par une mitre et une crosse posées comme celles des abbés, accompagnées de la couronne et de la croix du chapitre; comme on peut le voir sur les cachets du chanoine-comte de Brioude, de la Chassaigne de Sereys, du chanoine-comte de Lyon, de Châteauneuf de Rochebonne (1), régulièrement ils devaient entourer leur écu du cordon soutenant les croix de leur chapitre. Les chanoines-comtes de Lyon prenaient presque toujours comme supports un lion et un griffon, souvenir des armes du chapitre de Saint-Jean qui sont *de gueules au lion d'or adossé à un griffon de même*.

Les chanoinesses mettent sur leur écu en losange (2) la couronne du cha-

---

(1) Observons que parfois certains chanoines ou chanoinesses dont la famille portait des couronnes de ducs ou de marquis les mêlent à la place de celle du chapitre.

(2) Comme les chanoinesses se font appeler Madame ou plutôt *Comtesse*, beaucoup portent l'écu ordinaire à la place de celui en losange.

pître auxquelles elles appartiennent, au dessous la croix du chapitre. Elles ajoutent parfois un chapelet.

Les abbesses mettent la crosse tournée vers l'intérieur, c'est-à-dire, à dextre, en pal derrière leur écu en losange, ou en ovale hors de France, entouré d'un chapelet et parfois d'une cordelière.

Les prieures mettent en pal derrière leur écu en losange leur bâton de prieure ; citons l'ex-libris de Mlle de Beaunay du Tot, prieure.

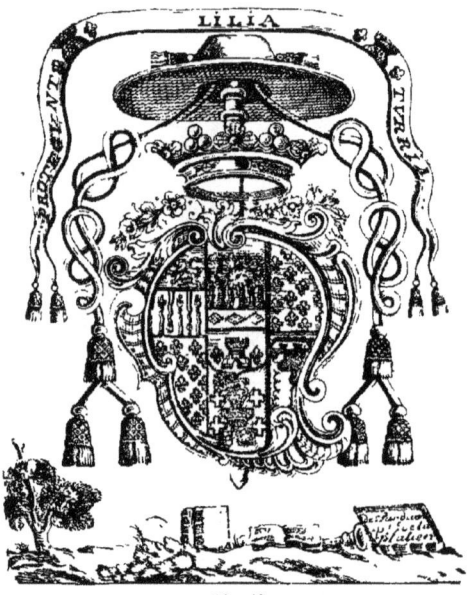

Fig 42

Les bénéficiaires de basilique, les chanoines, les vicaires forains ou archiprêtres mettent le même chapeau noir à deux rangs de houppes que l'abbé régulier. (Voir les fig. 44 et 45, armes de Mgr Jules Celli, ex-libris de François Morel, chanoine, official de Nîmes.)

Les curés bénéficier ont un chapeau noir avec des cordons terminés de chaque côté par une houppe (fig. 46 ex-libris du curé Michel Lardet)

Notons que les armes ecclésiastiques ne comportent (surtout en France) ni tenants, supports ou soutiens, ni casque, ni cimier, ni cris de guerre; mais que beaucoup sont accompagnés de devises mises sur des listels,

Fig. 43

soit au-dessous, soit au-dessus de l'écu. (Voir fig. 23, 25, 26, 27, 28, 29, 30, 35, 36, 38, 42).

*   *
    *

Les abbayes bénédictines mettent derrière leurs armes une crosse en pal, comme le montre nos figures 47-48 qui sont les armes de Saint-Maur de

Fig. 44

Glanfeuil et de Saint-Martin de Ligugé. D'autres abbayes mettent une crosse et une mitre : exemple l'abbaye d'Aiguebelle (fig. 49).

Voici les ornements extérieurs des blasons des différents ordres religieux les plus répandus :

Les chanoines réguliers de Saint-Jean de Latran mettent leur écu sur la poitrine d'une aigle et l'accompagnent d'une mitre, d'une crosse et d'un chapeau à trois rangs de houppes.

Les Chanoines Premaîtres ont une mitre de face et une crosse à senestre.

Les Antonins mettent derrière une croix double tréflée et un chapeau à quatre rangs de houppes.

Fig. 45

Fig. 46

L'ordre de Saint-Basile grec melchite met une mitre de face accompagnée d'une croix trèflée et d'une crosse à senestre.

Les Bénédictins Arméniens mechitaristes ont une crosse ordinaire à dextre, une crosse orientale à senestre accompagnant une couronne à sept pointes.

Les Bénédictins Camaldules ont un chapeau à trois rangs de houppes.

L'ordre cistérien met une mitre de face accostée d'une croix double tréflée et d'une crosse, accompagnée par quatre drapeaux en sautoir derrière l'écu.

L'ordre cistérien réformé met une mitre accompagnée de deux crosses en sautoir derrière l'écusson.

L'ordre de Notre-Dame des Catacombes met une mitre, une crosse, et un chapeau à trois rangs de houppes.

Les Bénédictins Olivetains ont une mitre de face que les Bénédictins Vallombrosains surmontent d'un chapeau à trois rangs de houppes.

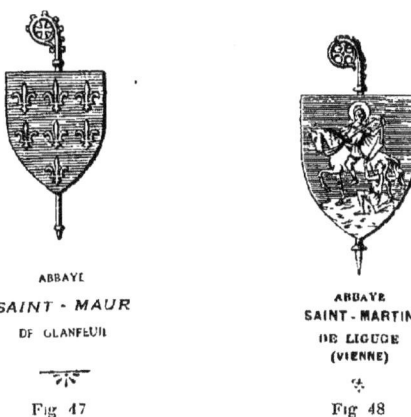

ABBAYE
SAINT - MAUR
DE GLANFEUIL

Fig 47

ABBAYE
SAINT - MARTIN
DE LIGUGE
(VIENNE)

Fig 48

Les Bénédictins Sylvestrains ont une couronne à trois fleurons et deux perles.

Les Trinitaires ont deux anges supportant une couronne princière.

Fig. 49

Les Barnabites ont une couronne à cinq fleurs de lys.

Les Scolopes une couronne à six fleurons entremêlés de perles.

Les Clercs réguliers de la Mère-Dieu et les Sommasques une couronne à l'antique à neuf pointes.

Les Clercs réguliers mineurs et les Théatins une couronne à cinq fleurons.

Les Doctrinaires, une couronne à quatre fleurs de lys et deux trèfles.
Les Rédempteuristes une couronne fermée.

.˙.

Les chevaliers de l'ordre hospitalier religieux et militaire de Saint-Jean de Jérusalem, autrement dit de Malte, comme religieux, entourent leur écu

Fig 50

d'un chapelet qu'ils entrelacent avec les huit pointes de la croix blanche de l'ordre de Malte posé dessous. (Fig. 50, ex-libris Artaud de Viry.)

Tels sont brièvement exposés les principaux ornements qui permettent de reconnaître les différentes dignités ecclésiastiques. Espérons que cet humble travail pourra rendre quelques services aux héraldistes et remercions chaleureusement Mgr. Battandier, la librairie de la *Bonne-Presse*, le comte Pasini-Frassoni, le commandeur Bertini, la *Rivista araldica*, le comité de la *Société française des collectionneurs d'ex-libris*, pour les beaux clichés qu'ils nous ont si aimablement prêtés.

Librairie H. DARAGON, 96-98, Rue Blanche, Paris

POUR PARAITRE EN JUIN 1911

Baron DU ROURE DE PAULIN

L'ARMORIAL DES PAPES
DE SAINT-PIERRE A S. S. PIE X

Un volume grand in-8° de 300 pages environ, orné de 8 planches hors texte en noir et en couleurs et de 200 illustrations dans le texte. (Reproduction de Sceaux anciens — d'Ex-libris — de Fers de Reliures — de Portraits — de Tombeaux et Armoiries, dessinées par Madame de La Perrière).

Prix broché (franco).. **20 fr.**
Reliure 1/2 chagrin, coins, tête dorée, fers spéciaux............... **30 fr.**
Reliure plein maroquin du levant, tranches dorées, dentelle intérieure, fers spéciaux.. **75 fr.**

SOMMAIRE. — PREMIÈRE PARTIE

CHAPITRE I. — Le Pape.
CHAPITRE II. — Les Ornements pontificaux.
CHAPITRE III. — Les Eminentissimes et Revérendissimes Cardinaux.
CHAPITRE IV. — Le Conclave.
CHAPITRE V. — L'Héraldique ecclésiastique.
CHAPITRE VI. — Bibliographie des Armoriaux pontificaux.

DEUXIÈME PARTIE

1° ARMORIAL DES PAPES DE SAINT-PIERRE à S. S. PIE X, comprenant un résumé sur la vie, la famille de chaque Pape, une étude critique sur ses Armes. — Chaque biographie est accompagnée des Armes de Pontife, dessinées spécialement par Mme de La Perrière ;

2° Tables générales des Noms de Religion et de Famille des Papes. — Table de décomposition des pièces héraldiques pour trouver les Armes Pontificales.

Les Planches hors texte en couleurs représenteront :
Les Armes de Urbain II, — Clément VI, — Sixte IV, — Paul V, — Pie X

www.ingramcontent.com/pod-product-compliance
Lightning Source LLC
Chambersburg PA
CBHW061004050426
42453CB00009B/1255